Journée à la ferme

À Jules, Léon et Paul.
M.

www.flammarion-jeunesse.fr

Éditions Flammarion – 87, quai Panhard-et-Levassor – 75647 Paris Cedex 13
ISBN : 9782081485570 – N° d'édition : L.01EJEN001635.N001
Dépôt légal : août 2019
Imprimé en Espagne par Liberdúplex – juillet 2019
Loi n° 49-956 du 16 juillet 1949 sur les publications destinées à la jeunesse

Journée à la ferme

Texte de
Magdalena

Illustrations
d'**Emmanuel Ristord**

CASTOR POCHE

Notre classe de CP

Pour lire l'histoire, tourne la page !

Pour des activités autour de la lecture, va page 34 !

« Aujourd'hui,
on va à la ferme »,
dit Maîtresse Julie.

« On va voir des animaux,
dit Alice.
– Des petits, et des gros ! »
dit Selma.

Le bus arrive
devant la ferme.
« Attention, il y a des oies ! »
dit Maîtresse Julie.

FERME
Pédagogique

Les oies avancent.
Les élèves reculent.

Maîtresse Julie crie.
Le fermier chasse les oies.

La visite commence.
« Voici les cochons, dit le fermier.
– Ça sent pas bon ! » dit Mia.

« Voici les lapins,
dit Maîtresse Julie.
– Ils mangent quoi ?
demande Tim.
– Mon doigt ! » crie Basil.

« Voici les poules,
dit Maîtresse Julie.
– Où est le poussin ?
demande le fermier.
– Caché dans ma main »,
répond Ana.

« Voici les vaches, dit Maîtresse Julie.
– Elles donnent du lait, dit le fermier.
– Berk, moi j'aime pas ça », dit Réda.

« Voici les chèvres
et les moutons,
dit Maîtresse Julie.
– Tondons, tondaine, chante le fermier.
Et avec, on fait quoi ?
– De la LAINE ! » répond la classe.

« Attention à la mare aux canards ! » dit Maîtresse Julie.

Trop tard, Téo a déjà les pieds dans l'eau.

« Ce chien me suit partout, dit Mia.
– C'est mon chien, dit le fermier.
– Il a vu ton goûter », dit Bob.

« On a oublié quelqu'un »,
dit le fermier.
Il crie « hi-han »,
et l'âne arrive en courant
pour saluer les enfants.

La visite est terminée.
Dans le champ, les élèves font
une photo avec l'épouvantail.

« Quand je serai grand,
je serai fermier, dit Tim.
– Et moi, je serai épouvantail ! »
dit Basil.

Je joue pour bien lire

1 **Regarde** bien ces deux couvertures du livre et **trouve** les 5 différences.

Réponse : la couleur du poussin, le chat, la barrette de Selma, les fleurs, le titre.

2 **Trouve l'intrus** : le mot qui ne contient pas le son « fff » de « **f**erme ».

3 **Entraîne-toi** à lire les mots suivants.

lapin

poussin

chien

Réponse : 2) une valise.

Je joue pour bien comprendre

1 **Remets** les images dans l'ordre de l'histoire.

a.

b.

c.

d.

Réponse : c, b, a, d.

2 Vrai ou faux ?

1. Les CP vont au zoo.

3. La vache donne de la laine.

4. Les élèves font une photo dans le bus.

3 **Relie** chaque animal à son cri.

1. 

2. 

3. 

a. aboie

b. miaule

c. hennit

Réponses : 2) 1. faux : zoo = ferme ; faux : vache = mouton ; 3. faux : bus = champ. **3)** 1-b ; 2-a ; 3-c.

Je suis en CP

Retrouve les histoires de **Je suis en CP** pour t'accompagner tout au long de l'année.

1

C'est la rentrée !

Dispute à la récré

Le nouveau

C'est l'automne !

Alerte aux poux !

La fête à la cantine

Journée à la ferme

Un chien à l'école !

2

Jour de piscine

La remplaçante

Le bras cassé

Les anniversaires

Le lapin de la classe

Lou a deux maisons

Les toilettes de l'école

Noé a un secret

3

Les amoureux

La fête de l'école

La classe de mer

Chez les pompiers

La médaille d'or

Au centre aéré

Quelles histoires as-tu déjà lues ?

Quelle est ta préférée ?

Lesquelles aimerais-tu lire ?

Le blog !

Retrouve toute l'actualité de la collection,
les astuces de Magdalena et plein d'autres surprises,
sur **www.jesuisencp.fr**

Avec des conseils aux parents
et un coin spécialement dédié aux enseignants.

Découvre aussi

11 histoires pour toute l'année

Apprendre à vivre ensemble

Mes comptines à lire toute l'année

100 jeux pour les vacances

Une semaine à la mer

L'anglais du CP
5 titres parus

Les maths du CP
3 titres parus

Je m'amuse pour découvrir la lecture